마당 사랑탑

박수자 시집

시인의 말

나의 이름 지어주고 싶었습니다
지극히 작지만
싱그럽고 예쁜 이름 지어주고 싶었지요
풀꽃이라 할까 했더니
풀잎 마음이 헤아려졌습니다
아홉 살에 당신을 만나 속삭였던 이야기
적어놓고 싶었습니다
일기처럼 남겨 놓기에는
슬펐던 일로 누군가를 눈물 나게 하거나
노엽게 하고 싶지 않았고
좋았던 일로 누군가에게 자랑으로 여겨질까
노파심이 생겼습니다
어느 날 풀잎이 꺾여 잠시
혼수상태에 놓인 적이 있었습니다
그 순간은 참 평안이었습니다
잠시 점 하나로 머물던 동안
주님과 단둘이서 부르던 노래를
얇은 한 권의 흔적으로 남겨두고 싶었습니다
여기 풀잎의 사랑 노래를

03 ··· 시인의 말

차례

1부

11 ··· 사명
12 ··· 분만실에서
14 ··· 젤리슈즈
15 ··· 짐이 날개 되는 날
16 ··· 딱새 친구
18 ··· 있는 이대로
19 ··· 남은 숙제
20 ··· 추억의 동행
22 ··· 이별 없는 만남
24 ··· 밤하늘에 뜬 양
26 ··· 광야에서
28 ··· 마당
29 ··· 고목
30 ··· 앞치마에 숨어
31 ··· 보릿고개
32 ··· 등걸 목부작
34 ··· 한마리 닭

2부

37 ··· 등짐꾼
38 ··· 순례자
39 ··· 몽당 부지깽이
40 ··· 말씀의 샘 찾아
42 ··· 고향 우물가
43 ··· 아라랏산 여인
44 ··· 민들레 사모곡
46 ··· 외양간 교회
47 ··· 대나무 꽃
48 ··· 잃었는가 잊었는가
49 ··· 사랑은 시가 되어
50 ··· 원점
52 ··· 아가야
54 ··· 억새야 바랭아
56 ··· 자이언캐년의 소나무
58 ··· 어머니 손두부
59 ··· 누수야 친구야
60 ··· 덩그러니

3부

63 ··· 오솔길
64 ··· 정선댁 장아찌
66 ··· 사랑탑
68 ··· 껍데기마저 사르신
69 ··· 보따리
70 ··· 엄지 선물
72 ··· 깨복쟁이
74 ··· 호반의 종소리
76 ··· 행복한 포로
77 ··· 풀꽃의 노래
78 ··· 뜨개질
79 ··· 기도
80 ··· 엘리베이터
82 ··· 묵은지
84 ··· 그 집 모퉁이에서
85 ··· 엄지와 애지
86 ··· 은강가의 찬양
88 ··· 하늘정원

4부

91 ··· 시월이 오면
92 ··· 눈물의 이름
93 ··· 귀뚜라미 우는 밤
94 ··· 피붙이
96 ··· 그 발에 입 맞추고
98 ··· 한 목소리
100 ··· 엄마의 이름
101 ··· 그럴지라도
102 ··· 담쟁이의 길
104 ··· 일곱 번째 언덕
106 ··· 노엘
108 ··· 매미 울음 걷히던 날
110 ··· 쌍둥이 쌀자루
111 ··· 하늘 보리
112 ··· 아버지 어깨
114 ··· 위력
115 ··· 물지게 저울
116 ··· 목자의 노래

118 ··· 평설 | 이오장(시인·문학평론가)

- 빚진 사랑 눈물 삼키며
네 사랑이 내게 머물러 있듯
내 사랑도 네게 담길 수 있기를 -

1부

사명

따르릉, 띵동, 헉헉, 흐흐흑, 야호
새벽부터 들려오는 소리
어찌 다 듣고 품어 안아줄까
네가 마당 되어 주거라

수고하고 무거운 짐 진 자
다 품고 큰 마당 되신 님이여
제 이름은 작은 마당이라 불러주세요

맵고 작은 빨간 고추도 좋아요
껄끄러운 겉보릿단도 좋고요
가시나무도 괜찮아요

가슴 열어 품을게요
참깨 알 하나도 잃지 않을게요
저의 이름은 다 받아주는 마당이니까요

분만실에서

산통의 분만실에서
툭 툭 실핏줄 터지는 소리와 함께
응앙아 응아
새 생명의 고고성
분만실 창틀이 파르르 맞장구친다

친정 엄마 움켜쥐었던 손
안도의 눈물 씻는데
미안해 이제야 엄마 사랑이 보여
실핏줄 튼 네 얼굴에서 겟세마네
기도 소리 울린다

엄마 되었으니 내 손은 놓거라
아가 손잡고 꿈동산 올라야지
현모양처 되려거든 날 떠나거라
기도 동산 핏소리 들어야 하리니

부둥킨 엄마와 딸의 머리에
은혜의 빛줄기 쏟아진다

−엘리 엘리 라마 사박다니−

어머니 나의 어머니 어찌 나를 버리십니까
너는 이제부터
여자이기를 버리고 엄마이니라
여자이기를 버리고 엄마이기를

젤리슈즈

보고 싶어 김치 담갔다는 친구에게
맨발에 하이힐 신고 뛰어갔다
굽 높은 신발은 허리에 좋지 않다며
이거 한번 신어볼래
신고 있던 신발 벗어주고
보고 싶다던 내 얼굴 뒤로하고
빨간 페디큐어가 예쁜 맨발로
저만치 내달아 손 흔드는 친구
빚진 사랑눈물 삼키며
네 사랑이 내게 머물러 있듯
내 사랑도 네게 담길 수 있기를
뭉게구름에 실어 하늘 끝으로 보낸다
-남대문표 크록스 짝퉁 젤리슈즈-
비 올 때 장 보러 가는 슈즈라 해도
나는 신데렐라 유리구두처럼 신을 거야
못 신게 되면 깨끗이 닦아 진열장에 놓고
삭아 흐물거려도 가끔 꺼내어
너의 고귀한 사랑 만질 거야
오늘 밤은 꿈길에서 꽃길을 걷자
우정 이야기 수놓은 젤리슈즈가
저절로 날개 펼칠 거야

짐이 날개 되는 날

짊어지고 이고 끌다
무게에 눌려
하늘 한번 볼 수 있겠나요

정수리 얼얼하다 못해
목이 비틀려도
냉큼 던져 버리지 못하는 짐

멀고 먼 길
고개를 몇 개나 넘어도
닿을 수 없는 그곳

보따리 풀어 움켜쥔 손 펴
나눔의 기쁨 아는 그날엔
짐이 날개가 될 거예요

하늘을 훨훨 날아오르려면
무게를 줄이세요
가진 것 나누세요

딱새 친구

뽀로로롱
몸통은 주황색 머리는 회색
검은 날갯죽지 가운데 흰색 점찍고
꼬리 날렵한 새 한 마리 날아들었다
딱딱딱 어쩌지 길 잘못 들었어
어머나 반가워 예쁘기도 하지

퍼드득득
들어온 구멍 찾다 유리창에 부딪고
빨랫줄에 앉아 쉬었다
다시 날다 유리 낭떠러지에 쭈르륵
딱닥닥 살려주세요 딱다다닥
딱새야 이것 먹어봐 좁쌀이야

할머니는
딱새 들어온 구멍 막으며
신기하고 흥겨워 깡충거릴
손녀들을 떠올리는 함박웃음
오늘은 예쁜 새가 우리 집에 왔어

무슨 새장을 준비할까

우리의 행복만큼
딱새는 걱정이겠지
가족이 함께 왔으면 좋은데
창밖으로 날아가 담장에 앉은 딱새
이쪽 향해 쩍쩍거리다 날아간다

있는 이대로

이슬 머금은 장미꽃
오월 햇살에 반짝이던 날
하얀 레이스 돋보이는 연주복 챙겨 입고
안면도 소나무 숲 공연장에 도착했다
연주 시작 직전
아뿔싸 언더슬립을 빼놓고 오다니
맨 앞 줄 가운데 서야 하는데
누구 여분 슬립 있나요
대답 없는 시간이 흐른 뒤
뒤에서 귓속말로
두꺼운 내복 입고 왔는데 벗어 드릴까요
꽃송이에 나비 찾아온 기쁨
구석에서 냉큼 벗어준
무릎 불거지고 밑단 흐느적거리는
남성용 엑스란 리플 내의
드레스 안에서 조연하는 허름한 내복의 감동
객석 끝에서 끄덕이며 응원하는 그녀
안면도 솔향 싣고 울려 퍼지는 하모니에
꽃지 해변 모래알이 더 반짝인다
-있는 이대로 받으옵소서-

남은 숙제

영원하지 않다는 것을 알면서부터
반짝이던 기억 흐려져
이름이 생각나지 않고
모든 게 생소하게 보입니다
거울 속에 얼핏 스치는 모습이
영락없는 흰머리단장하던 엄마입니다
꽃구경 없이 봄나물 바구니 채웠었는데
쌓인 눈 속에 우뚝 선 거목을 보며
찻잔을 비우다 번뜩 스치는 생각
내가 아니면 누구지
내가 아니어도 내려놓게 됩니다
서둘러야 하겠습니다
영원하지 않아도 남은 길이 많고
그만큼 숙제가 있으니까요

추억의 동행

김포 라베니체 금빛 수로 따라
은빛머리 부부 손잡고 걷는 길
아가 보고 싶어 서두르는 잰걸음
유모차 안에 펫미용실 다녀온 강아지
매니큐어에 머리핀 꽂은 동그란 눈
촌뜨기 누렁이 떠오른다
수덕사 품은 덕숭산 끝자락
아름드리 소나무 동산 아래 우리 집
송아지만 한 누렁이의 동행은
사십 년 지난 오늘도 생생하다
새벽예배 차임벨에 맞춰
데스칸트로 오호오 우우웅
누렁이의 듀엣에 성경 끼고 나오면
질퍽한 콧등이 먼저 대문 틈 밖으로 나가 있었지
양 볼 흥건히 새벽이슬 털어주고
신발장 곁에 앉아 새벽예배 함께했지
산 들 빨래터로 바쁜 누렁이는
동행의 즐거움에 꼬리 치며 따라왔지
삼륜차에 혼수 싣고 떠나오던 날

누렁이는 마루 밑에서
주인의 신발 앙가슴에 품고
발등에 눈물 떨어뜨리고 있었어
우지 마라 우지 마라 어여 가거라
친정 부모 가슴 저미는데
누렁이는 이리저리 뛰며 향방을 잃은 듯했었지
눈물 훔치고 훔쳐도 안갯속이었어
뒤돌아보니 대추나무에 도둑바람 걸린 듯
누렁이는 우우웅 컹컹 컹 울고 서 있었어
세월 흐를수록 더 그리운 고향
지금도 누렁이는 기다리고 있어
대추나무 언덕에 올라설 나를

이별 없는 만남

서른여덟에 예순여덟 딸을 얻었다
반백 낭자에 비녀 꽂고 성도로 온 딸
그녀 방에 걸렸던 쇠코뚜레 내리고
십자가 목걸이 걸어 주었다
이레에 한 번 엄마 품 파고들어 향내를 맡고
체온으로 데운 음료 아빠에게 드리며
이웃과 악수하는 손 사랑캔디 건넸다
크고 빨간 돼지 안방에 기르면서
때 걸러 배고프면 안 된다고
유모차에 폐휴지 실어 날라
가난의 때 나눔으로 맞던 믿음의 딸
하나밖에 없는 아들 살려달라는
눈물로 쓴 탄원서가 하늘 울렸는지
마주 보며 부르는 감사의 노래
팔십팔 세 저리 가라 시편 암송의 은혜
얼마나 아프면 그 나라 가느냐고
가끔 엄마 가슴 태우더니만
보고 듣고 말도 못 하고 왜 이리 누웠느뇨
수저 놓는 날 정갈하고 싶다며

손수 꿰맨 수의도 찾아 대기하고
무명치마 적삼 입혀 시집보내야지
이십 년 키웠으니 이제 여의어야지
신랑 따라 그 나라 가서 살겠다니
꽃가마 태워 기쁨으로 보내주마
비췻빛 하늘 흰구름 연도하니
오색 단풍은 꽃상여 둘러싸고
바람 따라온 낙엽은 환송가 부른다
한 번도 어린 에미라 투정한 적 없고
늙은 딸이라 여겨지지 않던 사랑스러운 딸
부모는 흙에 묻고 자식은 가슴에 묻는다더니
보내는 심지 얼음장 비수 꽂히지만
이별의 아픔 녹아내리기 전에
영원한 만남 기약한다

밤하늘에 뜬 양

초원의 중심
양 잡는대요 구경 나와요
게르 문이 열리고 사람들이 몰려와
끌려 나올 양을 기다린다
갈보리 길목 사람들처럼

주인 손에 끌려 나와
오른손에 칼을 잡은 왼팔 베개 삼고
그 얼굴을 빤히 바라보는 양

하늘 비친 눈 끔벅이며
숨죽인 무리 사이의 바람 타고
꾸우욱 들릴 듯 말 듯
감긴 눈에서 흐르는 눈물

구경꾼들은 귓속말로 죽은 거야
앞뒤 발목이 잘리고
뎅강 잘린 목이 찌그러진 대야에 담기고
감쪽같이 벗겨진 가죽은 지붕에 던져진다

헌신짝처럼 뽑힌 젖니처럼
휘장 찢어지듯 쫙 열린 문을 통해
있는 모습 그대로 보여주고
오장육부까지 다 들어내니
방주 안에 고인 피 양동이 가득
이글거리는 숯불 위에 돌을 얹어
부글부글 직화로 양고기를 끓인다

구경꾼들은 아무 일 없었던 듯
춧 추추추 춧추
몽골의 석양빛 받으며 초원을 달린다
유난히 반짝이는 별시계 보고
게르로 돌아온 사람들
허겁지겁 고기를 먹는다

슬그머니 게르문 열고 나가
물끄러미 하늘을 보는 주인
동그랗던 얼굴을 하늘에 그리나 보다
몽골 석양 따라 간 양의 얼굴
자식 같은 그 얼굴을

광야에서

사명 봇짐 짊어지고
둘이 하나 되어 정처 없던 길에
쪽방 한 칸 기다리고 있었어
무엇이든 주인이 먼저였지
출입문 싱크대 화장실도
쪽방 전세금도 내 것은 아니었어
외양간 교회에서 반듯한 상기교회로
세워지던 날의 기도는 환희의 보고서였지
옥상에 돗자리 펴고 나란히 누웠어
흐르는 긴 침묵의 별밤
울고 있는 나를 다독이며 팔베개해 주었지
참았던 소리 훔쳐 듣고 그 얼굴 더듬으니
귓바퀴 탄 사랑이 흥건히 고여 있었어
낮에도 백열등 깜박이는 모퉁이 방
아침이면 저녁 설거지한 도마에 팡이꽃 피고
새댁은 공복에 열네 알의 약을 삼켜야 했었지
불쌍히 여겨 토담집 방 한 칸 내어준
이웃 총각이 오늘은 그립다
예배당 자투리 막아 만든 우리 집

새벽기도 드리고 들어가면
들고 있던 성경책 놓을 곳이 없었어
네 식구 중 아무도 뚱보 아니니 다행이잖아요
삼십 년 지난 지금도 귀에 남아 다독이는
그 말, 천상의 그 말
광야는 건너온 눈에만 보이는가 보다

마당

이슬에 흠뻑 젖으며
별빛 달빛이 밤새 놀다 간 자리
솜털 젖을세라 병아리 품은 암탉
바지게 요람에 햇살 닿으면
구구구구 꼬꼬 하루가 펼쳐진다
곱고 거친 흙 어우러져 밟히고
찰진 흙 굳어져 마당가슴 열어주면
장마 빗줄기 타고 올라온 미꾸라지
줄 없는 줄타기 묘기 한바탕
삶의 무대 자연놀이 마당
한쪽에 눕힌 절구통에서
겉보리 단 자리개질 쳐져 쌀보리 되고
콩팥 꼬투리 도리깨질에
추수꾼 타작마당에 노랑 자주 구슬 깔린다
두들겨 맞아야 깍지 깨져 나오는 콩알
무대 언저리 어릿광대
죽가래로 불어오는 바람에 높이 날려
아낙 발치 앞 굴러가 곳간에 드는 마당
고여 든 건 쌓이고 쌓인 건 거둬
잊어버린 것들도 영원히 품어주는
사람 사는 바닥이다

고목

그대 듣는가
세월 삼켜 농익은 파노라마

그대 보는가
온몸 멍들어 얼룩진 추상화

사철 부대낀 풍파에 휘어진 허리
바윗돌 뚫어 내린 혈흔의 뿌리여

등걸마저 벌겋게 엄동설한 태우고
한 줌 재 되어 초록세상 만들리라

찬란한 황혼 여울에
잿빛 구름 어우러져 흘러간다

앞치마에 숨어

육 남매 뛰놀던 마당 끝자락엔
목화 향 솔솔 풍기는
앞치마 두른 엄마가 계셨다

숨바꼭질에 두근대다
엄마 앞치마에 얼굴만 묻어도
술래는 숨죽여 도둑걸음 했었지

파헤쳐 드러내는 요란한 세상
다독다독 덮어주고 싶다
무명치마 엄마의 향기 앞치마로

검은 비 맞아 시드는 잎
쓱쓱 닦아 주는
엄마 앞치마 보드란 숨결이고 싶다

단잠이 옛말 되어 꼬리 무는 밤
말씀 자장가로 꿈 담아 주던 요람에서
단꿈 꾸고 싶어 밤이 더 요란하다

보릿고개

어제는 젊은 아기 엄마가 젖동냥 왔는디
그냥 보냈다, 난들 젖이 나와야지
오늘은 흰옷 입은 노래꾼들이
구성지게 한가락 부르더니
모두 앉아 있다
사카린 물이라도 돌려야지
야야, 거실에 상이군인 둘이서 쳐들어와
밥 내놓으라고 야단이다 어쩐다냐
그래요 어머니
백설기 두 덩어리랑 식혜가 있는데
차려 드릴까요, 그래 그러자
떡 쟁반 들고 문지방 넘나드시더니
백세 문턱을 훌쩍 넘기신 울엄니
옛 생각이 상실되어
며느리를 당황하게 하는 이야기 잦았다
떨리는 손으로 힘겹게 떡을 떼어
물과 함께 꿀꺽 넘기시는 어머니
저린 가슴으로 슬픈 떡을 떼어
콧등 시린 눈물 섞어 삼키며
추억의 보릿고개 언덕을 함께 걷는다

등걸 목부작

하늘에 올라 고심 풀어내고 싶어
오르고 오르던 산 사내
밑동 잘려 삭은 가슴에
이끼 돋궈내는 고주배기 들어앉았다
어이타 잘려 보내고
박동 멈춘 구멍에 푸름 키우는가
열매만 바라는 하늘 바라봄이
내 죄 같은 사내 품에
무릎 꿇고 캐낸 뿌리가 안겼다
그나마 견딘 골반도 개미에게 내주어
숭숭 뚫리며 골다공증 겪었구나
내 집 내놓으라 달려드는 개미 떼야
단 하나뿐인 명품을 조각했구나
가자 싱그런 산등성이 지나
찬란하게 비춰주는 곳
시끌벅적 사람 사는 세상에 가보자
풍란 붙여 어깨동무 만들어 주고
바위솔 올망졸망 뛰놀게 해 줄게
그루터기라 불러도 좋고

등걸은 어떠하며 고주배기면 어떠하리
어떤 이는 관솔이라 이름하네
너는 뿌리 중 뿌리
님이 지으신 명작 등걸이다

한마리 닭

푹푹 찌는 초복 전 날
닭 한 마리가 왔다
고고한 소리
하늘문 여는 벼슬도 못 달고
깃털의 소망도 뽑힌 채
벌겋게 허덕이던 발도 없이
삼키지 않은 찹쌀 버석대고
비집고 들어온 녹두 알 좌불안석인데
생율에 대추까지 서성인다
인삼은 또 어디에 묻을쏘냐
해산달 넘겨 진통 기다리던 암탉
수탉 울음에 불덩이 솟아오르는구나
어찌하리 어이 피하리
삶아지고 달여져 진국이 되고
숯불에 온전히 태워져 드려지는 길
나의 나 되게 하신 주인께 보신되면
아낌없이 드리리 모두 드리리
울림으로 퍼지는 음성에
기꺼이 희생양 되어 모두 바치리

2부

등짐꾼

툭 튀어나온 길고양이 따라
골목을 나오는 지게꾼
미지근한 햇살에도
등에서 피어오른 아지랑이
거리를 후끈 달군다

콘크리트 모래 가득한 질통
휘청휘청 지고 가는 다리에
식솔들 고지서가 얹힌
뚜벅뚜벅 투박한 낙타 걸음

진땀 뺀 만큼 줄어든 모래탑
통에 퍼 담는 바쁜 삽질에
이웃 사랑 뜨거움이 덤으로 담겨
질수록 가벼워지는 등짐

아침노을 지나간
언덕 위 우뚝한 십자가는
하얀 사랑의 나침반
사방으로 뜨거운 온정을 가리킨다

순례자

목이 갈갈한 한 마리 사슴 되어
높은 곳을 향해
낮은 곳으로 시작한 걸음
기진한 시야에 들어온 바위틈
여기라도 좋사오니 눕겠습니다

지나오며 얼룩진 사연들
기쁨과 슬픔이 겹쳐져 흐르는 눈물
볼을 타고 내려와 마른 입술 적십니다

발 뻗고 손 펴 모든 것 내려놓고
닫은 눈망울로 하늘 볼 때
별빛 달빛 내려와 덮어 줍니다

눈부신 햇살이 일으켜 준 불꽃
다시 낡은 신 찾아 발에 맞추고
지팡이 휘도록 일어서서 가렵니다
더 빠른 걸음으로 가렵니다
높은 곳을 향해 가리키는
더 낮은 곳으로

몽당 부지깽이

뒤척이는 밤
단숨에 날아간 먼 고향
아궁이 곁에 고무래와 나란히 선
몽당 부지깽이가 손에 잡힌다
훨훨 타도록 들춰 주다가
과하다 싶으면 토닥거려 가며
가마솥에 밥 짓고
온돌 달궈 사랑방 되게 했던 불지팡이
불속에 드는 것 주저하지 않고
태우고 태워 몽당이 되도록
어머니 손안에 놀던 부지깽이
구슬픈 가락에 거나한
장단 맞춰 흥겹던 때도 있었지
아궁이 이맛돌에 부딪혀
검부스러기 목탄화를 남기며 끝내
장작 불길에 들어가는 정지간 지킴이
어머니 손에 놀아나다
아궁이 옆에 나뒹굴어도
그 손안에 있어 행복했었다고
당당한 부지깽이 손에 꼭 쥐고
단꿈을 부른다

말씀의 샘 찾아

바람 따라 나지막하게 울리는 강한 음성
"너는 나의 어린양"
그 한마디에 반한 아홉 살 아이는
틈나는 대로
그 음성이 들리는 집에 찾아갑니다
언 손 호호 불며 빨래할 때도
그 집 갈 생각에 서둘러
장대비 쏟아지는 진흙탕
번갯불 번쩍이는 길을 달렸습니다
가마니 깔고 앉아서 듣는 말씀
군침 삼킬수록 더 허기졌지요
매미 우는 숲에 누워 바라본 뭉게구름
양치기와 양 떼의 숨바꼭질 쫓아
음성의 발자국 따르고 싶었습니다
그 님은 옷자락 붙잡은
내 손을 한 남자에게 건네주시며
걸음 함께 하라고 명하셨지요
보폭이 맞지 않아 놀라고
수렁에 빠져 허덕이다

울어버린 때가 한두 번이 아니었지만
"내가 여기 있노라" 하셨기에
툭 털고 일어나 여기 있습니다
흰 머릿결이 곱다는 말 어울리지 않아도
이마의 계급장 뚜렷하여
언덕 오르기 엄두가 나지 않아도
나를 향해 달려오는 사랑스러운 이들을
두 팔 벌려 안을 수 있는 뜨거운 가슴으로
본향에 이르는 그날까지
생명 주신 말씀의 샘 찾아갑니다

고향 우물가

두메산골 우물가
길손을 위해 조롱박 걸려있던 샘
금방 달려가 퍼마시고 싶다
이 고을 저 고을 담장 넘던 기별
꿈에라도 날아가 어울리고 싶은 고향
떠나온 지 사십여 년
아직도 눈에 선한 정경
갓 시집온 새언니 빨래하던 모습
무명 두건 총각 기약 없던 설렘
언니는 빨랫감 한 자배기 이고 내려와
돌 판에 눈물도 함께 비비며
아무도 몰래 그리움 씻어냈었지
말이 없던 옆집 총각
마음 붙잡을 곳 찾아
샘에 빠진 구름도 함께 퍼 담고
까치 소리 맞춰 총총걸음했었지
시집올 때 두고 온 고향 우물가
친정 갈 때마다 물둑 위에서
멀리 바라보다 돌아와
꿈자리에 펼치고 구름을 밟지

아라랏산 여인

마른하늘 벼락은 소리라도 들리지
비 내리던 십일 월 이십오 일 땅 파던 날
아이엠에프가 뭐여
여기저기 부푼 풍선 터지는 소리 요란했다

하늘 소리 들으며 평안한 은총 노래하던 뜰
어찌 그 바람이 비껴갔겠는가
손에 잡히는 건 아무것도 없었다

세 살 아기 손잡고 예배당에 엎드린 여인
콧김으로라도 한숨은 없었고 불가능도 없었다
빛난 시선으로 한 치 두 치 믿음으로 자르고
소망으로 두드려 사랑의 명작을 이루었다

고통과 아픔의 실루엣 노아의 망치소리 들리는
아라랏산을 바라본다
그녀의 손발자국 촘촘히 박힌 청송마을 숲에서

민들레 사모곡

하루쯤은 기다려 주겠지 했지요
만발한 민들레꽃이 영글어
바람을 기다리고 있는 줄도 모르던
그 바보가 홀씨 되어서
바람 타고 가고 있어요
당신의 피, 눈물, 삶이 버무려진
성전에 마지막 제물 되어 바쳐졌어요
통곡을 감추고 눈물 삼키며
사랑합니다 나의 예수님 고백하고
사랑한다 아들딸아, 위로하는
가신 님의 후예들이 참 대견해요
언제나 기도문의 꼬리에나 이름을 달았을
아들 삼 형제의 헌화는
끝까지 어미의 치맛자락 놓기 싫어
무릎 꿇은 자리가 눈물로 흥건하네요
영결이 아닌 천국 환송이라니
어이구, 아이고 통곡을 밟고
보혈을 적셔 아버지 품에 안기는
님의 행복한 모습을 하늘에 그리며

이 바보는 위로를 얻고 있어요
십자가 강보에 싸여 잠든 님의 모습은
고요와 평안이 가득하여
당신이 빚어질 때 아버지 모습이
세상 전부를 빛으로 감싸주네요

외양간 교회

복음 열정 한 가닥으로
뜨개질하여 건 휘장
세상 빛 가리고 하늘빛 임하시도록
쇠똥 쥐똥 달팽이 자취
쓸고 닦고 깨뜨리고 돋우었어요
진리의 맷방석 깔아 양 떼 쉬게 하려고
콩깍지 건초 여물 찌꺼기
구유째 들어내어 세상에 맡기고
대패로 다듬고 망치로 두들겨
궤를 만들고 양식을 예비했지요
사명의 멍에 메고 망도 씌운 채
기둥에 매인 소는
뚫린 지붕 틈으로 새어 든 빛을 향해
글썽이는 눈망울만 끔벅였지요
그 눈물이 외양간을 나와 흘러
말씀의 강 되어 꼬리를 잇고 흘러가네요
묶임의 기도가 아닌
믿음으로 은혜를 갚는 외양간의 빛
복음의 물결로 하늘에 닿지요

대나무 꽃

변치않는 믿음으로 하늘까지 오르라고
예배당 강단 옆에 놓은 대나무 화분
너는 골로새서 3장 2절이다
위의 것을 생각하여 몸 부풀리지 않고
큰 키를 세워도 다툼 없는 자세
땅의 것을 모양내지 않는
푸르른 잎을 피우고
하늘 바라는 변하지 않는 믿음
오름길에 도움받던 자리마다
마디 남기며 더 오를 수 있었음을 가르친다
햇살 맞이하는 기쁨 주고 싶어
목련 옆에 앉혀놓고 눈 맞춤
오호라 너의 응답
난생처음 보는 꽃이다
노란 꽃술 삐쭉삐쭉한 꽃잎
별난 모양도 없고 향기도 없는 건
더 예쁜 모습의 날을 기다리라는 거지
꽃을 피우고 나면 스러진다는데
염려 마라 너를 살려내리니
내 기억속에 피어 영원히 지지 않을 꽃아

잃었는가 잊었는가

울고 있는 이여
무엇을 잃었는가
지팡이 들고 신을 신게나
하늘빛이 보일 것이네
임마누엘 하시니 찾을 것이네

방황하는 이여
무엇을 잊었는가
눈 감고 손을 모으시게나
세상 눈 감으면 주님 보이시리
기도 줄잡으면 하늘 임하시리

잃었는가 잊었는가
잃었으나 주님은 잊지 않았으니
감사하고 복이라네
복중의 복은 믿음에 있다네

사랑은 시가 되어

콧노래 부르며 장아찌 담갔다
적당히 곰삭은 마늘종
앞섶에 싸안고 나를 기다린다
사랑 빚진 나
단숨 거리를 자동차로 달렸다
올해는 마늘종도 비싸더라고요
레시피는 사랑이고요
평가는 문자로 날려주세요
앞 못 보는 여인이
쌈짓돈 내어 기쁨으로 만든
사랑의 선물 차에 싣고 와도
사랑이 무거워 차오르는 숨
아삭 새콤달콤 짭조름
행여 손가락도 씹을라
바삐 비우는 밥 한 그릇
님의 정성 곱씹고 사랑을 되새김하며
부끄럼 없는 하루 살려고
신발 끈 조여 매는 시작
감사 표현 겸 평가 문자 띄웠더니
시작 노트 귀퉁이에 꽂아 놓으랍니다
사랑에는 빚이 없어요

원점

하얀 나비 날개 달린 드레스 입혀
막내딸 시집보내던 날
붉은 눈물 머금은 어머니
사랑의 정점 거룩함이었어

한 발 내려서서
사철 살피던 정성 접고
찾던 걸음 멈춰 잡았던 손 건네며
자연스럽게 보호자를 바꿨지

더 낮아짐은
어린아이 같아지는 건가요
막내 손자 초등학교 운동장에서
이름표 달고 깡충거리는데
노인대학 배낭 챙기며
몰래 눈물 훔쳐 감추는 딸

증손자 보행기 미는 달음질에
둘러앉은 식구들 웃음 박수 시끌할 때

지팡이 짚고 숨 멈칫
아흔아홉 걸음이 아홉 달 걸음마에
미칠까
남은 숨 길어 발끝 닿겠네

당신 손톱 다듬을 힘없는 백수 어머니
손톱 끝 만지작거리며
며느리 틈새 시간 기다리는데
증손녀 잉태 소식에 잔치 벌어져
침상에서 여한 없는 미소 지으시던 어머니

발끝 온기 식어 가슴에 이르고
정수리 열기 내려 끝에 머물 때
조물주는 숨결 거둬가시겠지
한 세대가 오고 가는
원점으로 돌아가는 그분의 섭리
영원한 생명으로 이어주시리라

아가야

아가야 너는 비단
세실 비단 무지갯빛
꼬물꼬물 꼼지락 네 손 닿으면
네 꿈 세상 그림이 된다

아가야 너는 소리꾼
우부무부 신비한 옹알이는
하늘결 하모니

아아빠, 엄마마, 하파파
동그란 꿈둥이 뜰에 울리면
온 동네 생기로 가득하다

아가야 너는 발레리나
배냇짓 인가 꿈을 꾸는가
웃는 듯 우는 듯
으뜸 탤런트 표정

발끝 돋움으로 저 높은 곳의

소유를 향한 손끝 맵시는
백조의 호수를 연출한다

동산 꿈나무 위에
생명의 축복 단비 붓는 아가야
너는 땅 위의 보배 빛나는 생명이다

억새야 바랭아

에미는
어미로 살아야 하기에
밭두렁 휘어감은 바랭이
뿌리째 뽑아야만 했어

애비는
아비가 되어야겠기에
논두렁 차지한 억새 고갱이
베어야만 했어

식솔 같은 호미 달챙이 되도록
네 자리는 여기가 아니라고
뽑고 캐내어 던져야 했어

아산이 무너지고 평택이 깨지냐며
너를 보내야 한 평 땅 얻는다고
곡괭이 부러져 나뒹굴기 일쑤였어

뽑힌 들 어떠냐고

던져져도 좋았다고
어미 아비 고이 잠든 동산 자락에서
하얀 머리 어울더울 날리는 메아리

억새야 바랭아
나와 함께 하늘 춤 추자꾸나
덩실덩실 더덩실 효도하자꾸나
이제라도

자이언캐넌의 소나무

얼마나 큰 사랑으로 다가갔기에
바위 가슴 열어줬을까
눈의 티 빼어주는 입맞춤에 싹트고

안개비 자장가 듣고 컸나
신비로운 자이언캐넌의
거대한 소나무

언제인지 모를 탄생으로부터
오늘의 너를 만나러
수억만 리 길 여기와 있나 보다

네게 이끌어 오신 이가
웅대하게 창조하였으리니
너를 누구라 부를까
바위틈 구불구불 큰 소나무야

만남이란 잠시
해도 가고 별도 가고

서로 스쳐 가는 인연이지만

우리를 만드신 거룩한 손은
잠시 쉴 틈 없이 오늘도
살아 숨 쉬는 인연을 만드시겠지

어머니 손두부

광문 열고 종콩 서너 됫박 꺼내어
밤새 물에 담가 불린 어머니
20킬로 넘는 맷돌 앞에 마주 앉은 나와
주름진 왼손은 맷돌 입에
반 박자 쉬어 콩을 먹였어
잡혀 들어간 콩은 곱게 갈아졌지
아궁이에 장작불을 지펴
나는 부뚜막에 앉아 홍두깨로 저어대고
가마솥 콩물은 펄펄 끓었지
고운 삼베자루에 갇힌 콩물
두멍 위 통나무 즙틀 위에서
비지가 보슬보슬하도록
눌리고 비틀려 진액을 짜냈네
두멍에 채워진 두유에
어머니는 간수 바가지 살그머니 세워
사르르 사르르 저어주었지
양념장에 순두부 한 사발
곰삭은 배추김치 곁든 두부 한 모
안 드셔도 배부른 어머니는 두부 산모
콩이 콩 된 두부처럼
나 되는 길 걷기 위해서
사명의 멍에 고쳐메고 빗장 열고 있지
진액 짜낸 찌꺼기로 꽃을 피우듯

누수야 친구야

작지만 세상에서 가장 아름다운
집을 지었다
황홀한 감사로 하늘 보는데
천장에서 똑 똑 주르륵
삶의 자락이 흘러내린다
열두 번 나들목 셋방살이
긴 골목 돌다 단잠 청하려는데
가슴 쥐어짜는 하얀 밤 되다니
누수야 너는 누구니
어디로 스멀스멀 스며들었니
어느 길로 돌아가던 길이었니
갈 길이 막혔어
길을 열어줘 물꼬를 터줘
나를 기다리는 곳 땅끝까지 가고 싶어
저런, 어떻게 수년을 갇혀 견뎠니
왼손에 정을 오른손엔 망치로
뚫어줄게 길을 터줄게
흘러 흘러 더 낮은 곳으로 가
내가 사는 곳보다 더 밑은 어딜까
흘러가지 못하고 스며든 누수
발밑을 모르는 그곳으로 흐른다

덩그러니

트럭 안에서 주인을 기다리는 팬지
오늘은 널 반길 수 없구나

울방 뚫고 나와 바람에 숨는 연두 새순아
오늘은 내 안중에 없어

하늘 보면 눈물 흘러 귓바퀴 파고들고
땅을 보면 눈물 굴러 발등 적신 그때는
그래도 괜찮았어

머물 곳 없던 바람도
꽃 피우고 향기 날라 씨 뿌리는데
텅 빈 우주 한가운데 점 하나로 서있다

재잘대던 종다리는 언제 오려나
보리밭 위 하늘은 꿈자리 펼쳤는데
덩그러니 내 눈동자만 구른다

3부

오솔길

단풍이 깔아준 낙엽길
묻었던 이야기 꺼내 나누며
둘이 손잡고 걷는 숲

쌓이는 낙엽 두툼한 사랑 이야기
후드득 상수리 지는 소리에
숨어 듣던 다람쥐 간 떨어지는 숲

노을빛 따라 함께 걷는 긴 그림자
그대 있어 가볍게 걸어온 세월
단풍길 눈길 넘어 하늘길까지
함께 손잡고 걷고 싶은 길

바람에 쓸려간 낙엽 뒤에
고스란히 남길 발자국
점점 사랑 이야기 남겠네

정선댁 장아찌

순진한 미소의 앞집 처녀
산골로 시집가 정선댁 되었다
곰취 한 움큼의 봄소식
이슬 묻은 옥수수 한 자루는 여름 소식
단풍향 가득한 가을 품고
언니 버스 터미널에 와 있어요
보따리 옆에 끼고 앉아 있는 정선댁
하룻밤 묵어 가랬더니
시집살이 되짚어 탄 버스에서 손을 흔든다
보따리 받아 들고 돌아오는 길
산골 신랑 맺어 준 게 죄인 같아서
가로수 어릿어릿 눈물로 가린다
약 오른 풋고추 작달막 탱탱 야무지다
꼭지도 고르게 다듬어 자르고
동그랗고 예쁜 항아리에 넣어
달콤 새콤 짭조름한 장을 끓여 부었다
장아찌 항아리는 정선댁이다
뚜껑 닦으며 쓰다듬고
몸통 닦으며 안아보고

바닥 닦을 땐 그의 흙발을 만진다
한입 아삭 고추 장아찌
군침 가득 어우러진 사랑이
정선의 감흥과 어울려 집안을 감싼다

사랑탑

서로의 옷매무새 다듬어 주고
노을빛 받으며
종소리 따라가는 부부
타는 낙엽향 연무에 손을 잡는다

지난날 아픔은
뜨거운 사랑으로 삼키고
남은 날의 기대는 더 넉넉하게
희생으로 내놓는 해의 숭고함

우리 남은 날은
그렇게 물들여지는 노을 되자고
굽은 등 쓸어내리는 저녁

억새꽃 춤사위 멈추고
바람 따라 산이 잠들어
고요는 고요를 불러 속살거린다

그림자 꼬리로 쓰는 긴 연서

황혼의 언덕 넘어 본향 가는 길에
붉게 붉어 까맣게 자취 감춰도

길게 늘어뜨린 그림자에 얹힌
두 어깨 등고선 위에
축복의 사랑탑 우뚝하다

껍데기마저 사르신

헛간 모퉁이에 나뒹구는
땅콩 껍데기는
엄마 울 엄마 닮았다

삽자루 놓은 손 붓을 들어
적당히 하는 일은
알맹이가 없다 시던 아버지
그 이름 또한 땅콩깍지

뜰 안에 땅콩 두 알 알콩달콩
구름 비낀 반달
시샘 걸음하다 곤두박질했을 가을길

낙엽 태워 끝맺듯 껍데기마저 사르신
어머니 아버지

주인 없는 헛간에 쳐들어온 바람
껍데기 회오리쳐 데려가도
알맹이는 고스란히 남아
땅콩 형상의 사랑을 펼친다

보따리

재래시장 사거리가 바글바글
바스락 부스럭 손에 손에 보따리
하나씩 둘씩 메고 지고
아빠를 반겨줄 재롱둥이 생각에
검은 비닐봉지도 잘 어울리는
젠틀맨의 미소엔 부푼 꿈이 드나든다
무릎에 턱 닿도록 굽은 등에 업힌
봉달이엔 어떤 사연이 담겨 있을까
금연구역도 아랑곳없이
근심을 빨고 한숨을 뿜는
파마머리 신사의 심사는
얽히고설켜 꼬였나 보다
슬그머니 풀어 본 내 보따리
잡동사니 가득한 틈으로 석양이 담긴다
내려놓고 나누고 맡기고
훌훌 가야 하는 것을
느슨한 끈 조여 매는 심사는 누구 탓
불끈 손에 쥐고 일어선다

엄지 선물

어디서 온 거니
눈엔 반짝반짝
지혜의 별 들어있구나

무엇을 본 거니
까르르 웃음소리
요람에 꿈 구슬 가득하구나

네 눈길 닿는 곳에
손길이 머물러
꼬물 쪼물 복을 짓는구나

아가야 엄지야 아빠 무등 타고
담 밑에 제비꽃 보거든
살며시 다가가 말 걸어볼래
어디서 왔느냐고

엄마 손잡고
정원 틈 새 민들레 보거든

호호 불어 주며 위로해 줄래
어떻게 지냈느냐고

아가야 재롱둥이 아가야
하파 함미 마당 끝에서 손짓하거든
잠든 우주를 깨워 보렴

최고의 선물 아가야
아장거리는 통통 걸음으로
자라나는 만큼 지혜도 자라서
이웃에게 칭찬받음으로
너를 지으신 이를 춤추게 하렴

깨복쟁이

추억을 새기기 시작했지
똑같은 날 하얀 콧수건 가슴에 달고
얼었다 녹은 진흙탕 운동장 입학식
발가락 툭 삐져나오는 검정 고무신 신었어도
쭈뼛대는 부끄러움 없었어
우리는 큰 꿈의 나래를 펴기 시작했지
손등 트도록 쳐대던 딱지치기는
골목대장 순번을 정해주었고
꼬마야 꼬마야 뒤로 돌아라 새끼줄 넘기는
하늘을 나는 비상이었지
계집아이 사내아이 가릴 것 없었어
키다리는 무릎 굽히고 꼬마는 까치발
팔과 팔에 고리 걸고 힘찬 걸음 걸었지
어깨동무 길에는 거칠 것 없었어
반백년 넘어 다시 본 교정
포플러는 아름드리 되어
운동장 비워놓고 우리를 기다리고 있네
그립던 깨복쟁이 사랑아
세상 짐 내려놓고 숨소리 서로 살피며

자분자분 남은 걸음 걸어보자
억새꽃 살랑대는 양지 기슭까지는
바로 코앞이다

호반의 종소리

밀양 박 씨 쇠북 종 호반 무씨와
경주 김 씨 동녘동 나눌 분 씨가 만나
육 남매를 낳고
칠십삼 년 가꾼 뜰을 향하여 달려가네
아버지 구순 생신날에 한 동산에 누워
발 끝자락 호수의 윤슬을 보며
새소리 물소리 바람 소리에게
자식들 안부 묻고 계실 어머니 찾아
호반의 종소리 들으러 가는 길
미세농도 높다는 소리 들리지 않는다
동녘 햇살 가득한 초막에서
육 남매 부둥켜안고 볼에 볼 비비며
입술 자국을 낸들 누가 뭐랄 거냐
이 벅찬 반가움을
빨간 깃을 단 검정무명이불 한 자락
온 식구 잡아당겨 여기저기서
투욱 툭 홑이불 터지는 소리
애먼 요강 엎어져 단잠 아웃시킨 소란
누가 시계를 볼거나 하얗게 지새웠던 밤

그렇게 높던 수덕고개
세월 흐르니 허리도 굽은 거지
수덕국민학교 등굣길 이렇게 짧았었나
높다랗던 고개가 꽃길 되어
멀리 들리던 쇠북소리 가슴께 닿는다

행복한 포로

어느 날
그 손에 잡혀 뿌려졌어요
울타리 안 작은 정원에 잡혀 왔지만
그 손이라서 그 정원이라서
갇힘이 두렵지 않았어요
뾰족이 떡잎 내밀던 날
잊을 수 없어요
기다려준 님의 눈빛으로
어두운 밤 홀로 이슬 만나고
아침 햇살에 반짝이는 나를
반겨주는 님이 있어 좋았어요
사랑의 따뜻한 손길에 자라고
바람막이에 영글어 여기 있으니
님이여
이제 울타리 밖으로 보내 주세요
나는 행복을 세상에 외칠 거예요

풀꽃의 노래

바람이 풀씨 품고 말했어요
어디서 왔느냐 누가 묻거든
땅에 뿌리내려 살지만 하늘이라 하거라

햇살이 새싹 보듬으며 말했어요
네게 따스한 친구 되어줄게
밤에는 별 달도 찾아올 거야

버들강아지 풀잎 스쳐대며 말했어요
길손에 허리 잘려 호드기 되리니
그대 노래 불러 주겠소

풀대 타고 피어난 풀꽃이 노래했어요
세상은 아름다워요
우리들의 향기로 가득 찬 세상
이 노래 저 하늘에 닿기를

보이는 게 다가 아니에요
아름다움은 마음이래요
바람과 새싹과 꽃이
하늘에 닿는 날 알 거예요

뜨개질

희미한 등잔불빛에
어머니는 평생 뜨개질 하셨다
청색 홍색 자색실로
낳고 키우고 머리 올려주고

동지섣달 구들장 미지근한 골방에서
아버지는 누런 햇짚 날실 삼아
가마니 짜셨다
자식 형제 이웃 사랑 담으려고

한 겹 털실 옷자락 두께로
내 길을 감싼 어머니
무거운 곡식 담아지고
가정을 이루신 아버지

믿음 소망 사랑 삼겹실로
J의 이름 새긴 바늘에 의지하여
반듯하게 이룬 삶의 뜨개질로
멋진 완성품을 드리고 싶다

기도

가지런히 신 벗어 놓고
바닥에 무릎 꿇어 엎드린 여인
들썩이는 어깨 뒤로 새어 나오는 신음에
못 본 척 돌아설 수 없어
슬그머니 눌러앉아 부르는 이름
하나님 나의 하나님 우리 하나님
사랑할 수밖에 없어요
사랑하기에 이렇게 울어요
치맛자락에 눈물로 그린 사연
훨훨 날아올라 하늘 닿았나
평안 내려와 비운 마음 채워요
세상이 보이고 내가 보여서
눈 감고 하늘 보며
가진 것 없어 몸 드리는 시간입니다
둘이 하나 되어 서로의 눈물 닦아주며
내일의 소망 믿음에 걸고
높은 곳을 향하여 더 낮은 곳으로 가는
제비보다 가벼운 기도의 날개
훨훨 날아 닿을 곳은 님의 품
그곳 아니면 어디겠어요
영원한 우리 하나님

엘리베이터

가지런히 배꼽손 하고
발끝 보는구나
오른뺨 왼뺨 이마까지 눌러대도
예를 다하는 네게 인내를 배운다

빗장 떼어 활짝 열어둔 뜨락
누구든 맞아들여 사랑방 만들고
구둣발 진흙발로 밟아대도
두 팔 벌린 너에게서 희생을 배운다

손발 저리도록 여닫기를 수 백 번
많은 짐 걸머지고 오르락내리락
가라 멈춰라 그렇게 부려대도
대꾸 없는 너에게서 순종을 배운다

사다리 하나 놓아줄까
하늘 닿는 기쁨 누리도록
미끄럼틀 놓아줄까
세상 즐거움 누려보게

차마 열지 못하는 입
나도 너만 같았으면
배꼽에 두 손 얹어본다

묵은지

흩뿌려진 소금에 절어 눈 뜰 수 없어도
그래야만 하는 줄 알았습니다

옴짝달싹 못 하게 항아리에 가둬
숨 더 죽으라 자박자박 내리눌렀습니다

죽으면 살리라고 다 내려놓은 그에게
마침내 생명강을 건너게 했지요

연지 곤지 찍고 오색 양념으로 단장
사랑방에 숙성 잠재웠어요

고난이 유익이라 들숨 날숨 고르게 견뎌
곰삭은 묵은지 되었지요

비린내 나는 고등어와 어울리고
청국장 두부와 더불더불

세상과 소통하는 법을 익히느라

숨죽이는 고난을 이겨내고

마침내 전부를 얼싸안는 그를
생명의 뿌리라 부릅니다

그 집 모퉁이에서

긴 그리움의 꼬리
그 집 곁에서 서성이고 있다

음표 없는 오선지 에노그 없는 도화지
그림자가 안겨주는 포근함을 바라듯
허사인 줄 알면서 추억을 헤집고 있다

숱한 세월 못 이긴 아픔 털어내려
좀도리 주머니 움켜쥐고
성소에 들어오던 고무신 끄는 소리
막을 길 없는 기침으로
동의 없이 동행을 엿보며 오가던 여인

동병상련이라 했던가
그녀의 아픔 함께 겪으며
그 집 담 모퉁이를 기웃거린다

유서의 흔적이라도 만나려나
사립 흔드는 바람만 외롭다

엄지와 애지

열다섯 꿈 많은 소녀들
방과 후에 있을 발레단 심사에
교실에는 백조들로 가득했다
앞다퉈 선 줄 사이로 끼어들었지
두근대는 박동에 손끝이 떨리는데
눈썹 치켜세운 심사위원
엄지손가락 좀 볼까요
미간에 내 천자 새기며 갸우뚱
맞은편 심사 위원에게, 너무 두껍지 한다
발레는 엄지손가락 두께도 심사하나
아차 교만했나 보구나
고개 끄덕이는데, 하늘나라 가신 아버지
엄지 척 올려 보이시며
아무렴 그렇지 그렇고말고
나는 새끼손가락 착 꺼내 까닥이며
요렇게 살게요, 겸손한 섬김으로
무대 위의 화려한 백조는
관객들의 박수를 받지만
아래에서 손뼉 쳐주는
섬김의 그림자가 더 빛나리

은강가의 찬양

햇살이 걸어준 은강 하늘 다섯 줄에
단풍 날아와 음표 되어 매달리고
은혜의 강 찬양이 하늘에 닿는다

주님이 마음 두드려
"그 신 벗으라" 하십니다
부르튼 발 어루만져 새신 신겨주시고
비운 손에 지팡이 들려주시며
"이는 내 사랑하는 아들이요
내 기뻐하는 자라" 하시니
여기가 은혜의 강입니다

주님이 오늘
"그 발 씻어 주겠다" 하십니다
발가락 사이사이 닿는 뜨거운 손가락
손등에 떨어지는 눈물방울

여기가 끝인가 하여 둘러보다
마지막손에 닿은 빈 물동이 들고

다시 목마를지라도 우물가로 향한 님께
"물 좀 달라" 손 내미십니다
물동이 잡았던 손 놓으니
와 보라 소리쳐도 갈증 없는 활천
은혜의 강, 생명의 샘이여

떨기나무 가에 서 있는 부름 받은 우리
그 나무에 엉겨 붙어
하나의 심지 되었나이다
하늘 불꽃 임하여 타오르게 하소서
재 되어 날아 흔적 없어도 좋으리
어둔 세상 밝히는 빛 되어 좋으리

하늘정원

인가인 척 드문 하늘 닿은 곳
외롭지 않을 만큼 외길 따라가니
순수와 희망으로 피어난 벚꽃이
떠나간 님 그리던 배롱나무에
지치지 않는 백일을 응원했나 봅니다
잎사귀 열어 피워낸 사랑꽃
숨바꼭질 한창인 무화과나무
나무 하나 너 하나 꽃 하나 나 하나
가지와 화분에 목걸이 해주고
때때로 어루만진 손길이 보입니다
솔바람에 어우러진 뜨락의 칸타타
꽃향기 퍼져나가 벌 나비 정원 가득
푸른 꼴 풍성하니 평안히 쉬는 양 떼
사십여 해 손발에 굳은살 박이고
설핏설핏 희어진 머리카락에
반짝이는 눈빛 빚어내니
님이 걸어오신 길은 꽃길입니다
꽃구름 위에 앉혀놓고 싶은
눈 감으면 더 선명한 하늘정원
구름보다 먼저 둥둥 떠갑니다

4부

시월이 오면

한 달 두 달 아홉 달 그리고 시월
여린 새싹 가지가 되고
예쁜 꽃 열매 되도록
햇살, 바람, 이슬, 단비 보내셨네
가을 하늘 닮으신 분

만삭의 시월에 가고 싶어
구름 타고 훨훨
황금들판 끝자락에 서 계신 님

오색 단풍 찬란한 시월로 가고 싶어
새를 따라 날아가서 낙엽 소리 시에 담고
노을빛에 님의 옷깃 파고들어
곤히 잠들고 싶어

시월이 오면, 시월이 오면
활활 타오르는 꿈
그분의 길로 가고 싶어

눈물의 이름

그대 이름 부르기 전
으아앙 응애 보지 못한 눈물
그 이름은 만남이었지요

무릎 사이에 고개 가두고
가슴 깊은 곳에 동그라미 그리다
늦은 비 쪽창 두드릴 때
주르륵 후련이라 이름 붙여 드릴게요

손잡지 않아도 따사로워
외롭지 않을 줄 알았어요
똑똑 걷고 또 가다 보니
그리움 삭여 주는 님
그대 이름은 동행이어요

세상은 홀로서기 훈련장인 줄 알았어요
어느 날 우리 눈 맞춤에서
반짝반짝 둘이 하나가 되어
그대 이름은 사랑, 눈물
그리고, 나

귀뚜라미 우는 밤

장마 뒤 불면의 밤
창밖 언저리쯤에서
귀뚜라미 귀뚤귀뚤 귀뚜르

애간장 녹고 목이 타는데
그 말 알아들을 수 없다
무슨 사연을 보내는 걸까

또렷하고 낭랑하던 소리 잦아들어
잠결 은하수에 발 담그고
아야야 일어나라 함께 해보자

귀 뚜르라 귀 열어라 기도
귀뚜루로 룰룰루 룰룰루 찬양
귀뚤귀뚤 또렷하게 말씀 읽고
귀뚤귀뚤 귀뚜루로 귀뚜르르르
한 밤을 감사의 향연으로 맺는다

피붙이

벼 한 가마 어깨에 둘러메던 동생
예순 고개 넘어 누이 집에 들렀다

들켰다
들켜버렸다
믿음의 사랑을 들켰다

벽에 그려진 수묵화
구석구석 두툼한 거미집
창틀에 쌓인 세월을 들켰다

한 발짝 두 걸음 사이로 들리는
가늘고 가쁜 누이의 숨소리에
피붙이는 고동에 갇힌다

누이야
보석 같은 나의 누이야
그분께 돌아갈게

그래, 그래야지 함께 가야지
누이가 오늘
가장 귀한 선물 받았구나

손끝에 전해오는 부름의 온기
영혼으로 함께 느끼는 희열
오직 그분의 뜨거움에서 나오지

그 발에 입 맞추고

부천시 오정구 원종동
부름받아 하나 된 둘이는
무릎 꿇고 그 땅에 입 맞추었네
둘이 부르는 찬송에
뚫린 슬레이트 지붕 틈새 비집고
달님 별님 들어와 화음 맞추었지
거친 흙덩이에 서걱대는 지푸라기
인색한 물 섞어 밟아대던
상처투성이 발등에 입 맞추고 싶어
간절한 눈빛으로 바라봤지
구름기둥 불기둥 아버지
기약 없는 길 걸어야 했던
거센 파도 가로막고
살기 뱉어 내는 말발굽 소리에 쫓긴
그 발에 입 얹히고 싶어 가슴 열었지
주의 옷자락 부여잡고
사명의 길 함께 걸어 40년
아버지 땅 사겠다고 아버지 집 짓겠다고
꽃 사세요 떡 사세요

발바닥 부르트도록 리어카 끌고 밀던
내 사랑 내 님 발에 입 맞추리
믿음의 선배들 뒤를 따라
오직 예수의 푯대를 향하여
달음박질할 신발 끈 매어주며
그 발에 입 맞추리, 사랑의 입맞춤
감사의 입맞춤 복종의 입맞춤
입 떼어도 함께하는 은혜의 길 걸어가리

한 목소리

기억나지 않지만
아가야
그때 그 목소리

존재가 시작된
눈망울에 조각한들 아프랴
나의 딸

한 줌 모정에 잡힌
나의 사랑
담장 너머 들리던 휘파람 소리

퍼주는 기쁨 알며
기진할지라도 들려오던
엄마 엄마

남은 사랑 쓸어 담아
맘껏 퍼주며 듣는
할머니 할머니

그 목소리에 살아가며
사모합니다
듣고 싶은 그 한목소리
사랑한다 내 딸아

엄마의 이름

새벽닭 울기 전 옹솥 아궁이에
엄마의 튼 손을 위해
호드득 토드락 불을 지피는 아버지
가마솥에 삶은 두둑한 보리쌀에
한 움큼 쌀 씻어 가운데 쏙 박아 넣고
아버지는 여물 솥 엄마는 밥 솥
코밑에 그려진 그을음의 걸작
마주 보고 웃으며 행복을 짓는 부엌
쓱쓱 쪼물락 달그락 따닥 난타 합주
굵은 마디 어설프고 튼 손 쓰라려도
그 손에서 우러나온 감칠맛 레시피
한 상에 둘러앉은 식솔의 얼굴에
창호지 뚫고 들어온 햇살이 웃는다
한 자배기 후다닥 씻어 엎고
가마솥에 물 한 바가지 휘익 끼얹어
솔새 솔로 쓱싹 다음을 채비하는
엄마의 이름은 부엌
한 생의 기록이 식구들 이력으로 남아
군불 없이 솟아나는 연기
머나먼 곳에서 바라보며 손 흔든다

그럴지라도

섣달 하순 싸늘한 느낌으로
새해 초순 흰구름 몰려왔어도
심산 복수초는 얼음 뚫고
봉긋이 꽃잎 열었지요
구름에 묻혀온 바이러스가
입 막고 문 닫고 길을 가로막았어도
개나리는 길가 울타리 철조망 넘어
환한 웃음 선사했지요
구름 걷힐 날 기다리며
하늘만 바라보는 우리에게
세상은 청천벽력을 떨어뜨렸어도
뭉게구름과 어우러진 담쟁이는
비대면 벽 부여잡고 노래했어요
먹구름이 그림자 몰고 다니고
이러쿵저러쿵 회오리바람까지 불어
무너지고 쓰러지고 아우성이었어도
하늘은 활짝 열려
햇빛, 달빛, 별빛 여전하고
함박눈 포근히 내려 온 세상 덮어주니
우리는 눈꽃길을 걷지요

담쟁이의 길

오직 하늘을 향해
눈감고 귀 막고 세상 등지고
곱고 여린 담쟁이 벽을 붙들었다

세파에 흐느낌 묻힐 때
언덕 저편에서 들려오는
영생의 담에 수놓는 초록빛 소명

노둣길 돌부리야 비켜 서거라
솔무등 함께 걷는 님 계시니
가로막는 철벽도 넘으리라

세속과 제국의 구둣발로
복음의 고무신 짓이기누나
양 우리 문설주에 성혈이 흐른다

기진맥진한 발자국 패인 곳마다
복음 씨앗 움터 세워진 교회
찬양에 춤추는 담쟁이

하늘 향한 첨탑까지 올라
주의 음성 더 밝게 더 크게 붙들고
진리의 말씀을 깨운다

일곱 번째 언덕

예순아홉 고개를 지나
일곱 번째 언덕에서
잠시 숨을 고른다

봄바람에 일렁이던 보리파도에
푸른 꿈 꾸고
은하수와 노니는 반딧불이 춤으로
하늘 꿈을 따랐지

오색찬란한 가을 산기슭에서
그분을 노래하고
아무도 보이지 않는 강가를 걸으며
싸락눈이 함박눈 되기를 기다리는
흔들리지 않는 갈대였어

여기에 이르도록 뿌리내린 언덕
풀꽃 엮어 화관 만들어 쓰고
억새꽃 지휘봉 흔들며
단풍과 한바탕 추는 춤

이 고갯마루 넘어가면
내리막일까 더 높아지는 걸까
말씀을 따라왔으니
더욱 평탄한 길 걸으며
그분의 형상 마주하리라

노엘

따사로운 가을 오후
바닷가 맑은 물에
오색단풍 곱게 비치던 날
따스함 놓칠세라
찰박찰박 발을 담가 들어갔지
단풍잎인 듯
금붕어 떼인 듯
발과 종아리를 부비부비 했어
한바탕 숨바꼭질은
질탕한 동심 속 황홀함이었지
잠시 후 밀물과 함께
파도를 박차 오른 비단고래 한 마리
와락 품 안으로 안기는 거야
하늘 담을 듯 큰 입 벌리고
파닥파닥 지느러미 춤추고
몸을 내게 비비며 애교를 부렸어
굴러온 복 놓칠세라 큰 자루에 담았지
며칠 후
잉태 소식을 듣고

하늘 향해 큰 소리 높여
이웃과 함께 손잡아 찬양하고
만방에 주님 보내신 큰 사랑 전하는 자
되게 해 달라고 태명을 붙여 기도했지
태 안에서도 순하여
엄마 아빠의 평안이 되었고
뒤뚱거리는 만삭에도
노엘 엄마는 힘든 내색 없었어
단풍 곱고 풍성한 가을에 노엘 탄생
예쁜 내 손녀 노엘
평생에 기쁨 충만함으로
들려진 나팔이 울려 퍼질 때
온 누리에 기쁨 감사 넘쳐나리
하늘의 은총으로 빛나리

매미 울음 걷히던 날

한 세월 흥겹게 노래하고
잠시 구슬프던 매미소리 걷히던 날
홀연히 떠나 하늘 품에 안식하는 님이여
모진 세월 지나는 동안 님의 호흡 속에는
한숨 소리 새어 나오지 않았어요
어찌 맺힌 한이 없었을까요
살림 갈피갈피 뚫린 자리 없었겠나요
의연하고 차분한 인생 발자취
뿌려진 꽃씨마다 향기롭고 야무졌어요
십여 년 삼천육백오십 여일
질고의 여정을 걸어내는 님의 얼굴에
수심 없었음은 그때마다 십자가 못 박히신
주님을 생각했다 하셨지요
그 손을 내 손에 비벼봐도 볼에 볼을 비벼보고
가슴에 얼굴을 묻고 흐느낀다 한들
이 슬픔 어찌 사그라지리오마는
먼저 천국에 가서 신랑 되시는 예수님 만나고
둘이서 우리를 기다려달라 부탁할 때
활짝 웃던 얼굴 오히려 우리에게 위로되었어요

훌륭하게 키워놓은 두 아들
이제 우리의 아들이에요
어머니의 여장부 믿음을 유산으로 받았으니
믿음의 대장부로 세상을 이기며 살아갈 거예요
청년 때, 아무 낙이 없다 할 날이 가깝기 전에
창조주 하나님을 기억하며 살아갈 거예요
꽃다발 다소곳이 가슴에 안고
수줍은 미소로 소천하신 님의 모습은
천상 천사였어요
신랑 되시는 예수님의 예쁜 신부였어요
우리도 곧 따라가리다
천국에서 만나요, 사랑하는 님이여

쌍둥이 쌀자루

그렇게 급하셨는가
주인보다 먼저 도착한 20kg 쌀 두 자루
나란히 인사한다
진주 같은 낱알이 눈 맞춤할 때
푸르른 들녘 구부린 오라비의
수정 땀방울을 마주한다

맑은 유리그릇에 담아 물을 받는다
뽀얀 뜨물도 버릴 수 없어
버릴 것 찾아 뜨거운 정성을 적신다

밥풀 진주 한 사발씩 앞에 놓고
둘러앉은 식구들
꿀꺽꿀꺽
감사 기도 끝나기를 기다리는
윙크 실눈 뜬 손녀의 키 크는 소리

쌍둥이 쌀자루 들어온 빗장 열리고
행복한 식탁 웃음소리
고향 들녘으로 달려 나가
떠나온 걸음 머물게 한다

하늘 보리

하늘을 본다
그 사랑 은총이 드리운 곳
바라만 보아도
어느새 한가득 채워지는 평안

고개 들어 하늘 우러른다
구름 사이사이로 보이는 사연들
귀만 열어도
메마른 심령에 부어지는 말씀

아련히 클로즈업되는 만남과 이별
그저 바라만 보아도
구름기둥 불기둥으로 이끄시니
하늘이여, 하나님이시여
내가 곁에 있습니다

아버지 어깨

새벽닭 울면 쇠죽 끓이시는 아버지
엄마 젖을 물고 있는 송아지는 평화였지
망을 씌워 멍에 지우고
아버지는 쟁기 짊어지고 재촉하셨지
바짝 따라나서는 엄마
고삐 끌지 않아도 논 밭 일터 찾아가는
어미 소는 동네 스타였지
이랴 쯔쯔쯔 자라 자라
들판 울리는 쟁기질 소리에
황무지는 옥토가 되었어
가끔은 보습 부러뜨리고
쟁기를 튕겨 낸 맨땅은
워 워 워 소를 세우는 쉬는 참
아버지는 한나절을 곡괭이로 돌을 파내고
이웃과 넙적바위 끌어내어 길가에 앉혔지
갈아엎은 한 마지기 밭 안에는
큰 돌 작은 돌 자갈투성이
온몸이 구릿빛 되어 반짝이던 구멍눈
찢긴 삼태기 몇 개였던가

밭둑이 둥그런 돌담 되기까지 개간하셨어
땅이 흙 되어가니 밭이 되고
목창으로 구멍 내어 심은 두세 알의 콩
며칠 지나 떡잎 뾰족 생명 돋아나
가시와 엉겅퀴 질투의 뿔을 세우니
뽑아 제쳐 돌담 뒤로 던지고
밤마다 터진 손마디 서로를 배접해 주었지
황무지를 옥토로 만든 아버지 어깨
앞산보다 훨씬 높은 봉우리였어

위력

보이지 않는 샘에서
퍼 올립니다
펑 펑 퍼 올립니다

퍼올린 진주 이슬을
그저 흘러 보냅니다
정처 없는 곳으로

마시지 않아도 시원한
싸우지 않고도 꽂는 깃발
어디서 단련한 힘입니까

그대
눈물의 위력이여
기도의 눈물이여

물지게 저울

아버지 지고 가던 물지게
좌우로 출렁출렁 앞뒤로 흔들흔들
넘치며 비우며 채워지는 두멍

댕기머리 처녀들 널판
이쪽저쪽 펄쩍 훨훨
높으면 낮추며 나눠가는 추억

덩그런 허공
낙심하지 말고 함께 흔들어요
오르락내리락 세상살이
힘겨워 말아요

넘치면 나누고 모자라면 채워주며
은저울 금저울 되어
같은 무게로 살아요
치우침 없는 세상 만들어요

목자의 노래

보이시나요
석양빛 받으며
눈 쌓인 언덕 넘는 양 떼

한 번도 치켜뜬 적 없는 눈망울은
앞선 발자국만 따라가고
두리번두리번 뒤돌아보지도 않으며
양치기 소리 따라 언덕 넘네요

들리시나요
양 하나 나 하나 양 둘 나 둘
외로움 달래며 부르는 목자의 노래
그 입김 하늘까지 올라
포근한 목화구름 되었고요

양 떼 틈에 어우렁더우렁 밤을 보내니
홀로 있어도 춥지 않은 밤
그분의 뜨거운 음성이 감싸주네요

| 평설 |

존재의 믿음으로 인류를 짊어진
소명이자 의무적인 시 쓰기
　　　　　　　－박수자 시집 『마당 사랑탑』

이오장 (시인, 문학평론가)

존재의 믿음으로 인류를 짊어진
소명이자 의무적인 시 쓰기
—박수자 시집 『마당 사랑탑』

이오장 (시인, 문학평론가)

　박수자 시인의 시 쓰기는 단순히 행동하고 선택하고 결심만 하면서 쓰지 않는다. 존재한다는 믿음으로 하나의 상황이 아니라 인류 전체를 짊어진 소명이자 의무며 목표를 정하고 쓴다. 따라서 존재한다는 것을 당연한 사실로 받아들이는 대신 나는 어떤 시인이 되어야 하는가, 어떤 시인이 되고 싶은가라는 근원적인 질문을 스스로에게 던진다. 그저 시류의 흐름에 따라 삶의 변화에 따라 존재가 형성되는 게 아니다. 단순히 시작하다가 끝나는 것이 아니며 인간과 신이 맺은 관계와 자신을 둘러싼 환경에 맞춰 나간다. 시인에게는 원초적인 고독이 있다. 이것은 시인 자신으로 존재하며 무엇을 하고 무엇을 원하든 자신 뿐이라는 것을 의미한다. 결코 다른 사람이 될 수가 없는 것이다.

오직 시인을 대신할 수 있는 존재는 하나님이며, 존재하는 것은 서로 바꾸거나 위임할 수 없는 것으로 영혼은 신과 시인 자신의 고유한 존재를 마땅히 감당해야 한다는 것을 알려준다.

누구라도 자신에 대해 모든 것을 명확하게 알지 못한다. 영혼은 자신을 드러내는 증표가 아닌 보이지 않는 정신으로 수수께끼에 가깝다. 영혼은 갈등의 장이며 추측의 시발점이며 우아한 백조의 모습이 아닌 결심하고 다투는 나 자신의 모습이다. 영혼의 풍경 즉 불안하고 신비스러운 장소, 셀 수 없는 삶의 동굴과 깊이를 알지 못할 뿐더러 진실을 예측하고 실천하지도 못한다. 여기 시에서 시인의 삶을 확신하는 건 조심스러운 일이다. 오로지 계약으로 맺어진 하나의 영혼, 하나의 자아로만 이뤄져 있어 하늘을 증명하고 삶의 연관성을 찾아내며 은혜에 감사하고 믿음을 증명한다. 대부분의 시인은 자신에게 무한한 질문으로 언어의 끝을 보려 하고 그것에 대한 매듭을 엮고자 하지만 지나치게 가까이 들여다보는 탓에 스스로 정확하게 보지 못한다. 자기를 좀먹는 내면을 다스리고 그것을 끄집어내는 힘은 자신에게 있지만 그것을 표현하는 것은 언어므로 선택을 잘해야 독자가 형성된다. 시인은 그것을 뛰어넘는 방향을 믿음의 길에서 자연스럽게 찾아간다. 고향 정서를 잊지 않는 선에서 꿈꾸듯 그려내는 삶의 풍광은 평안을 가져다주는 긍정의 역할을 한다.

박수자 시인은 자신에 대한 거대한 질문이자 삶의 해답을 보여주려는 의도로 쓰게 되지만 결론은 항상 긍정도 아니고 부정도 아닌 신의 대답으로 귀결시켜 확고하게 자신의 존재를 세워나간다. 그래서 논리적이지 않고 교육적인 가르침이나 격언이 아닌 그야말로 삶의 진리다. 시인이 시인답게 존재하기 위해서는 어떤 삶을 선택하느냐에 달렸지만 그 삶을 스스로 선택할 수는 없기 때문에 내가 누구인가를 먼저 알아야 한다. 그러나 자신을 아는 사람은 없다. 오직 하늘의 계시에 따라 믿음의 탑을 세우고 모든 인류가 은혜를 알고 감사하기를 바라는 시 쓰기, 그것이 시인의 삶이고 시다. 때문에 어떤 삶이 최선의 삶이고 어떻게 시를 써야 삶을 표현할 수 있는지의 판단이 확실하다.

1. 삶의 아름다움을 통해 존재 의미를 재현하기

박수자 시인은 삶의 아름다움 안에서 재현의 차이로 드러나는 존재의 고유함을 보게 하는 특별함이 있다. 이것은 시를 미학적 존재로 규정하는 것은 아름다움을 느끼고 표현하기 때문이 아니라 삶의 아름다움을 통해 자신의 존재 의미를 재현하기 때문이다. 시인은 존재한다는 전제 아래 삶의 의미를 체험하고 믿음이 결단한 의미를 실현해 나간다. 이해하고 해석하는 의미적 특성과 그 안에 담긴 진실성이 아름다움을 통해 재현되는 과정임을 뜻한다. 진리성의 표현은 단순한 의미나 진리가 아닌 그것 자체를 성찰함으로써 생겨나는 근원적 특성을 말한다. 예술성에 담긴 진리는 사실적인 것이 아니라 아름다움을 통해 느끼는 신과 인간의 의미와 관계되므로 아름다움이란 인간이 지닌 근원적 특성에서 이해되기에 확실한 예술성을 지녔다고 할 수가 있다.

이슬에 흠뻑 젖으며
별빛 달빛이 밤새 놀다 간 자리
솜털 젖을세라 병아리 품은 암탉
바지게 요람에 햇살 닿으면
구구구구 꼬꼬하루가 펼쳐진다
곱고 거친 흙 어우러져 밟히고
찰진 흙 굳어져 마당가슴 열어주면
장마 빗줄기 타고 올라온 미꾸라지
줄 없는 줄타기 묘기 한바탕
삶의 무대 자연놀이마당
한쪽에 눕힌 절구통에서
겉보리 단 자리개질 쳐져 쌀보리 되고
콩 팥꼬투리 도리깨질에
추수꾼 타작마당에 노랑 자주 구슬 깔린다
두들겨 맞아야 깍지 깨져 나오는 콩알

무대 언저리 어릿광대
죽가래로 불어오는 바람에 높이 날려
아나 발치 앞 굴러가 곳간에 드는 마당
고여 든 건 쌓이고 쌓인 건 거둬
잊어버린 것들도 영원히 품어주는
사람 사는 바닥이다

- 「마당」 전문

  마당은 반반한 땅이다. 원래 있는 것이 아니라 삶의 터전 위에 공동으로 사용하는 공간으로 개인의 삶과 공동체의 삶이 협동으로 이뤄지는 사랑의 땅이다. 일정한 공간만을 칭하는 것이 아니라 형상으로 만들어지는 공동의 운명체도 될 수가 있고 남을 위하여 자신을 펼치는 사랑의 뜨거움을 나타내는 자리도 될 수 있다. 마당을 이루기 위해서는 헌신이 따르고 협동정신이 반드시 필요하며 마당이 넓을수록 모이는 사람이 많아져서 그 사람을 큰 사람이라고 부른다. 시인은 사람이 사는 바닥 위에 사람을 쌓는 뜨거운 헌신이 가득하다. 이슬이 젖으며 밤새 별과 달이 놀다 간 자리에 살아가기 위한 수단으로 온갖 일이 이뤄지고 계절의 변화에 따라 삶의 역동성이 펼쳐지는 마당, 자연의 변화에 따라 시시각각 응하는 관대한 자리, 모이고 헤어지고 다시 뭉치는 단결의 결합, 등을 모두 하나로 엮어

내는 마당은 사랑의 근본이라 할 수가 있다. 박수자 시인은 인애의 본바탕을 갖춰 이웃을 만나고 살피며 모여들게 하는 인력을 지녔다. 사람이 먹고살기 위하여 곡식을 타작하는 마당, 즐기기 위한 놀이마당, 모인 것이 쌓이고 잊힌 것들을 품어주는 마당은 그래서 사랑의 바탕이 된다. 그 바탕을 폭넓게 시인은 사랑의 뿌리가 되고 그 사랑을 마당에 부려 사람을 위한 근본 사상을 펼친다.

에미는
어미로 살아야 하기에
밭두렁 휘어감은 바랭이
뿌리째 뽑아야만 했어

애비는
아비가 되어야겠기에
논두렁 차지한 억새 고갱이
베어야만 했어

식솔 같은 호미 달챙이 되도록
네 자리는 여기가 아니라고
뽑고 캐내어 던져야 했어

아산이 무너지고 평택이 깨지냐며

너를 보내야 한 평 땅 얻는다고
곡괭이 부러져 나뒹굴기 일쑤였어

뽑힌 들 어떠냐고
던져져도 좋았다고
어미 아비 고이 잠든 동산 자락에서
하얀 머리 어울더울 날리는 메아리

억새야 바랭아
나와 함께 하늘 춤 추자꾸나
덩실덩실 더덩실 효도하자꾸나
이제라도

― 「억새야 바랭아」 전문

 잡초는 가꾸지 않아도 자라나며 어떤 자연재해에도 굳세게 살아남는 풀이다. 이름 없이 들판에 흔한 풀을 통틀어 잡초라 한다. 그런 잡초 중에 이름이 있는 몇 가지가 있는데 억새, 갈대, 쑥부쟁이, 바랭이 등 농부들이 가장 싫어하는 풀이다. 얼마나 강하게 살아가면 억새이고 얼마나 무성하게 자라 밭둑을 넘어가 바랭이가 되었을까, 아무리 베어도 자라나는 풀, 뽑고 뽑아도 돋아나 작물을 괴롭힌다. 그런 이름을 붙인 농부들의 땀은 오히려 잡초의 영양이 된다. 박수자 시인은 그런 잡초에서 농부들 삶을 읽었고 농사를 지으며 자식을 키워낸 부모님을 그린다. 환난의 시절을 보낸 부모님은 그 아픔을 무릅쓰고 자식이 굶을까 노심초사 피땀을 흘렸다. 어떤 고난이 닥쳐도 자식을 위해서라면 온갖 일을 마다하지 않았다. 그렇게 끈질기게 살아온 힘은, 들판의 억새와 바랭이가 아니고 무엇인가. 그 시절 대부분 그런 삶을 살아왔지만 내 부모님은 더욱 빛난다. 하지만 그때는 몰랐다. 배고프면 울고 아프면 끙끙대며 부모를 괴롭혔다. 자식들이 잡초가 되어 매달린 것이다. 이제 부모님은 계시지 않는다. 그러나 어디서든 억새를 만나고 바랭이를 만나면 눈물이 나고 그 품이 그리워진다. 높이 키를 키우는 억새, 키를 낮게 낮추는 바랭이와 함께 춤을 추며 부모를 그리는 시인의 심정은 들판의 잡초보다 억세고 굳건하다.

    서로의 옷매무새 다듬어 주고
    노을빛 받으며
    종소리 따라가는 부부
    타는 낙엽향 연무에 손을 잡는다

    지난날 아픔은
    뜨거운 사랑으로 삼키고
    남은 날의 기대는 더 넉넉하게

희생으로 내놓는 해의 숭고함

우리 남은 날은
그렇게 물들여지는 노을 되자고
굽은 등 쓸어내리는 저녁

억새꽃 춤사위 멈추고
바람 따라 산이 잠들어
고요는 고요를 불러 속살거린다

그림자 꼬리로 쓰는 긴 연서
황혼의 언덕 넘어 본향 가는 길에
붉게 붉어 까맣게 자취 감춰도

길게 늘어뜨린 그림자에 얹힌
두 어깨 등고선 위에
축복의 사랑탑 우뚝하다

- 「사랑탑」 전문

 탑은 위대한 기록물이다. 그렇지만 마음에 품은 거룩한 기록도 사랑의 탑이 된다. 그러나 아무나 쌓지는 못한다. 보이지 않으나 누구나 아는 비밀을 쌓지는 못하기 때문이다. 시인의 사랑탑은 그래서 가장 크고 빛난다. 인연으로 만나 황혼의 모습이 될 때까지 얼마나 많은 고난을 겪었던가. 하늘의 계시를 받아 황무지 언덕에 오두막을 짓고 말씀을 전하고 믿음을 심는 일은 사명이 없다면 가지 못하는 길이다. 새벽종을 치는 일과 말씀을 인도하는 일로 시작하는 하루가 그렇게 길었고 힘들었다. 그 길은 멈춤이 없는 길이다. 그 이유로 두 사람의 사랑은 더욱 깊어졌다. 시작은 작았으나 믿음만큼의 은혜를 받아 점차 번창하여 지금은 어엿한 성탑을 쌓았다. 이제 돌아보니 미미한 종소리는 진동의 폭을 넓혔고 성도들의 성원으로 번창을 이뤘다. 비로소 서로를 돌아보는 여유를 가진다. 희생과 헌신으로 점철된 삶을 서로의 얼굴에서 읽을 수 있는 시간을 주신 하나님께 감사하며 남은 사랑을 태운다. 구원의 마당을 펼치고 그 마당에 모인 사람들의 삶을 살피며 이뤄낸 보람을 찾은 것이다. 이제는 둘만의 탑을 쌓아도 된다. 모임의 마당 한쪽이라도 좋다. 서로의 노을이 되어 등을 기대고 길게 늘어뜨린 그림자에 얹힌 두 어깨에 축복의 사랑탑이 세상에서 가장 빛나는 탑이다.

2. 새로운 말씀의 언어로
   공동체의 정신과 만나기

박수자 시인의 언어 습득은 믿음의 생활습관에서 이뤄

지며 믿음의 말씀에 반응하여 익숙해진다. 기도는 혼자의 염원을 위하여 올리지만 말씀을 듣는 것이 먼저다. 듣지 못한다면 기도도 못하는 것이다. 심리학적인 언어로는 표현의 현상을 일방적으로 앞세우지만 이해하는 것이 우선된다. 하지만 말씀을 듣기 위한 기도는 처음에는 소리 없이 발음하다가 말씀을 따라 하게 된다. 이때부터 정신세계는 듣는 말씀에 의하여 이뤄진다. 믿음생활의 기초가 마련되고 스스로의 주장이나 생각을 표현하게 되는 것이다. 그 말이 즉 시가 언어의 공동체에 작용하면서 자연스럽게 어떤 영향을 주는가에 따라서 언어를 예술로 승화시킨다. 시인이 시를 쓴다는 것은 만인의 언어를 믿음의 마당에 편입시키는데 더 큰 의미를 가진다. 단순히 사회적으로 이미 이뤄진 믿음의 언어를 받아들여 그대로 익히는 게 아니고 새로운 말씀의 언어로 공동체의 정신과 만난다. 이것은 모든 언어 속에는 이미 특수하게 이룬 믿음의 정신세계가 살아 있기 때문이다.

    사명 봇짐 짊어지고
    둘이 하나 되어 정처 없던 길에
    쪽방 한 칸 기다리고 있었어
    무엇이든 주인이 먼저였지
    출입문 싱크대 화장실도

쪽방 전세금도 내 것은 아니었어
외양간 교회에서 반듯한 상가교회로
세워지던 날의 기도는 환희의 보고서였지
옥상에 돗자리 펴고 나란히 누웠어
흐르는 긴 침묵의 별밤
울고 있는 나를 다독이며 팔베개해 주었지
참았던 소리 훔쳐 듣고 그 얼굴 더듬으니
귓바퀴 탄 사랑이 흥건히 고여 있었어
낮에도 백열등 깜박이는 모퉁이 방
아침이면 저녁 설거지한 도마에 팡이꽃 피고
새댁은 공복에 열네 알의 약을 삼켜야 했었지
불쌍히 여겨 토담집 방 한 칸 내어준
이웃 총각이 오늘은 그립다
예배당 자투리 막아 만든 우리 집
새벽기도 드리고 들어가면
들고 있던 성경책 놓을 곳이 없었어
네 식구 중 아무도 뚱보 아니니 다행이잖아요
삼십 년 지난 지금도 귀에 남아 다독이는
그 말, 천상의 그 말
광야는 건너온 눈에만 보이는가 보다

―「광야에서」 전문

텅 비고 아득하게 너른 들녘에 홀로 서보라. 무엇이 보이는가. 개척은 아무것도 없는 곳에 말뚝을 박고 울타리 없는 집을 지으며 자연과 인간과의 사이를 하나로 엮는 일이다. 함부로 덤빌 수가 없지만 그러한 용기가 있다고 하여도 부름의 응답으로 굳건한 믿음이 없다면 할 수가 없다. 그것이 스스로의 욕망을 위하여 행하는 일일지라도 억겁의 시간을 보내는 듯 심히 괴롭다. 하물며 하늘의 계시로 말씀을 전도하는 일은 어지간한 믿음과 용기가 없다면 불가하다. 박수자 시인은 그런 개척자의 보조자로 하늘의 음성을 함께 듣고 함께 가는 길을 택하여 부름에 응했다. 원종동은 서울과 부천의 경계지점에 위치하여 이주민들이 많은 땅이다. 여기에 성전을 새운다는 건 무모한 일 같지만 기어이 말씀의 터전을 짓고 하늘을 섬기는 길에 들어섰다. 그러나 광야에서 듣는 말씀이 더 소리가 크고 무겁다는 것을 깨닫는 순간 위기에서 햇빛을 찾은 솔로몬의 지혜와 끈기로 성탑을 쌓았다. 얼마나 눈물겨웠으면 지금에 와서 고난의 시간을 일깨우겠는가. 그런 고난 중에도 굳건한 믿음을 지키며 타인의 모범이 되어 성전을 세운 공로는 무엇으로 칭찬해도 모자란다. 삼십 년이 지나도 천상의 그 말씀, 시초의 말씀을 잊지 않고 광야의 바람을 깨운 시인은 천상 하늘의 종지기를 지키는 사람이다.

부천시 오정구 원종동

부름받아 하나 된 둘이는
무릎 꿇고 그 땅에 입 맞추었네
둘이 부르는 찬송에
뚫린 슬레이트 지붕 틈새 비집고
달님 별님 들어와 화음 맞추었지
거친 흙덩이에 서걱대는 지푸라기
인색한 물 섞어 밟아대던
상처투성이 발등에 입 맞추고 싶어
간절한 눈빛으로 바라봤지
구름기둥 불기둥 아버지
기약 없는 길 걸어야 했던
거센 파도 가로막고
살기 뱉어 내는 말발굽 소리에 쫓긴
그 발에 입 얹히고 싶어 가슴 열었지
주의 옷자락 부여잡고
사명의 길 함께 걸어 40년
아버지 땅 사겠다고 아버지 집 짓겠다고
꽃 사세요 떡 사세요
발바닥 부르트도록 리어카 끌고 밀던
내 사랑 내 님 발에 입 맞추리
믿음의 선배들 뒤를 따라
오직 예수의 푯대를 향하여
달음박질할 신발 끈 매어주며
그 발에 입 맞추리, 사랑의 입맞춤

감사의 입맞춤 복종의 입맞춤
입 떼어도 함께하는 은혜의 길 걸어가리

-「그 발에 입 맞추고」 전문

 순례자가 된 시인은 드디어 하늘이 찾아준 복된 땅에 도착하여 성지를 만들어간다. 에베레스트보다 높고 별에 닿는 땅에 도착하여 신의 계시에 맞춘 성전을 지은 것이다. 어설프기 짝이 없는 초라한 집, 맨땅에 경건한 자세로 무릎을 꿇고 음성을 청하는 기도로 시작한 맨손의 건축, 신이 바라는 것이 웅장한 바벨탑이 아니라 진정한 믿음으로 헌신할 수 있는 오두막이라도 좋다는 인도의 말씀으로 짓는다. 지푸라기를 잘라 진흙을 개어 벽을 바르는 것은 피와 땀이 얼룩진 살이었고 별이 보이는 구멍 뚫린 지붕을 받치는 기둥은 신에게 바친 앙상한 뼈였지만 불기둥의 아버지를 믿는 힘과 용기로 세운 성전이다. 살기에 찬 말발굽에 차이고 매서운 찬바람에 시달려도 언젠가는 반드시 성탑이 되리라는 계시를 믿는 목자의 길을 완수한 것이다. 얼마나 많은 피땀이면 벽이 되고 얼마나 굳센 의지였으면 장대한 뼈가 되어 성탑을 쌓았겠는가. 시인은 함께하는 목자의 순한 양으로, 때로는 목자를 대신하는 심부름꾼으로 온갖 궂은일과 헌신을 사명으로 받아들이며 떡장사까지 마다하지 않는 복종의 길을 걸었다. 그것도 모자라 감사하고 감사하며 그 발에 입을 맞추는 낮은 자세를 보인다. 사랑의 입맞춤은 목자에게, 감사의 입맞춤은 하늘과 세상에, 복종의 입맞춤은 하나님께 드리며 은혜의 길을 멈추지 않겠다는 다짐을 한다. 이 세상에 감동의 모범을 보인 것이다.

3. 자연과의 교합을 이루고 혈연과의 결속을 다지는 진실한 인간애 그리기

 언어는 수천 년 동안 정신적인 약속의 결정으로 이뤄진 삶의 도구다. 그러므로 개인의 경험을 통해 급진적으로 창조될 수는 없다. 반면 시인이 언어를 소유하고 구사하는데 있어 스스로 창조적인 작업이 가능한 것도 사실이다. 이것은 객관적으로 존립하는 언어체계의 구속을 받지 않는 것이 아니고 그것을 창조적으로 발전시킨다는 것이며 시인에게 주어진 언어 창조의 힘의 새로운 각성에 의한 것이다. 박수자 시인의 창조적인 작업은 언어 속에 주어져 있는 가능성을 개발한다든지 구조의 특수한 부분을 다듬고 수정하며 인간상의 특징을 밝혀내는 일이다. 그러나 언어 영역에 모든 창조적인 작업은 전통적인 법칙을 벗어나지 않는다. 하나의 언어에 대해서 영속적이고 참다운 발전적인 보탬을 더하려는 시인은 먼저 주어진 언어의 구조와 모든 가능성을 살펴보고 이를 통해서 자연과의 교합을 이루고 혈연과의 결속체를 다지며 자신의 영혼에 진실한 인간애를 그려 넣는다.

하루쯤은 기다려 주겠지 했지요
만발한 민들레꽃이 영글어
바람을 기다리고 있는 줄 모르던 바보가
홀씨 되어 바람 타고 가고 있어요
당신의 피, 눈물, 삶이 버무려진
성전에 마지막 제물 되어 바쳐졌어요
통곡을 감추고 눈물 삼키며
사랑합니다 나의 예수님 고백하고
사랑한다 아들딸아, 위로하는
가신 님의 후예들이 참 대견해요
언제나 기도문의 꼬리에나 이름을 달았을
아들 삼 형제의 헌화는
끝까지 어미의 치맛자락 놓기 싫어
무릎 꿇은 자리가 눈물로 흥건하네요
영결이 아닌 천국 환송이라니
어이구, 아이고 통곡을 밟고
보혈을 적셔 아버지 품에 안기는
님의 행복한 모습을 하늘에 그리며
이 바보는 위로를 얻고 있어요

십자가 강보에 싸여 잠든 님의 모습은
   고요와 평안이 가득하여
   당신이 빚어질 때 아버지 모습이
   세상 전부를 빛으로 감싸주네요

   -「민들레 사모곡」 전문

 사람은 태어나는 즉시부터 죽음의 길로 향하는 험로는 걷는다. 누구도 피하지 못하고 멈춤도 없다. 그게 자연이고 신이 만든 길이다. 그 길을 따라가는 인생은 한 치의 어긋남이 없이 신의 부름에 따라간다. 그러나 살아 있는 사람에게 주는 슬픔은 크다. 신의 품으로 돌아간다는 믿음이 있어도 우선 보이지 않으며 당장 들리지 않는 음성에 당황한다. 인간인 이상 어쩔 수 없는 숙명이다. 태어남도 죽음도 하늘의 뜻이지만 아직도 풀리지 않는 수수께끼는 일시적인 고난을 주는데 이것을 풀어내면 성공이고 그렇지 못하다면 성공하지 못한 인생이다. 시인은 그것을 주위 슬픔에서 읽어낸다. 민들레는 지구 어느 곳에나 존재하는 가장 낮은 앉은뱅이 꽃이다. 밟고 꺾여도 아프다고 하지 않는다. 오직 숙명으로 받아들여 운명을 개척하는 꽃, 환경에 적응하는 힘이 강하고 굽히지 않는 끈기를 보여준다. 만약 인간도 이렇게 살 수가 있다면 슬픔이 무엇이고 두려움이 무엇일까. 이게 바로 하늘의 가르침이다. 숙명에 따라 태어

나고 죽음을 맞지만 슬퍼할 일도 눈물 흘릴 일도 아닌 오직 창조주의 뜻이다. 이것을 밝히는 시인은 무릎 꿇은 자리가 눈물로 흥건하여도 천국으로 가는 길로 보이고 통곡을 밟고 보혈로 적셔 아버지 품에 안기는 장면으로 인간의 슬픔을 위로하고 일으킨다. 거기까지 깨닫는 길은 멀고 먼 길이었다고 고백한다.

    예순아홉 고개를 지나
    일곱 번째 언덕에서
    잠시 숨을 고른다

    봄바람에 일렁이던 보리 파도에
    푸른 꿈 꾸고
    은하수와 노니는 반딧불이 춤으로
    하늘 꿈을 따랐지

    오색찬란한 가을 산기슭에서
    그분을 노래하고
    아무도 보이지 않는 강가를 걸으며
    싸락눈이 함박눈 되기를 기다리는
    흔들리지 않는 갈대였어

    여기에 이르도록 뿌리내린 언덕

풀꽃 엮어 화관 만들어 쓰고
억새꽃 지휘봉 흔들며
단풍과 한바탕 추는 춤

이 고갯마루 넘어가면
내리막일까 더 높아지는 걸까
말씀을 따라왔으니
더욱 평탄한 길 걸으며
그분의 형상 마주하리라

─「일곱 번째 언덕」 전문

  한 사람의 삶이 주어진 목표점에 다다른다는 것은 짧으나 기나 하늘의 뜻이다. 그렇지만 개개인의 생각과 바람은 전혀 다르다. 하늘에서 받았다는 것도 모르고 그냥저냥 지내다가 다다른 순간에 그것을 느끼며 방종의 시간을 뉘우친다. 그건 아무런 보람이 없는 무용한 삶이라고 할 것이다. 그렇기 때문에 주어진 것도 못 받아먹는다는 말을 듣게 되고 생이 끝나는 순간에도 하늘을 모른다. 시인의 삶은 처음부터 신의 길을 찾아가는 여정이었다. 생로병사의 인생길에 처음 들은 것이 말씀이고 처음 본 것도 기적의 발현이었다. 그래서 일생 일곱 번째 고개에 접어들었어도 두렵지 않고 평안하다. 개인적인 삶에 고난과 슬픔이 없었을까. 만고풍상을 겪으며 복종의 자세로 길을 걸었어도 인간인 이상 어쩔 수 없는 일이다. 반딧불이 삶에도 굴하지 않았던 힘을 준 하늘에 감사하고 여기에 이르도록 뿌리내린 언덕에 풀꽃을 엮어준 은혜를 갚을 수가 없다. 돌아본 길을 어떻게 왔는지 잊히지 않아 억새꽃 지휘봉을 흔들며 단풍과 한바탕 춤을 춘다. 인생사의 마무리를 화려하지 않은 순수의 자세로 바라보는 것이다. 그러는 순간에도 잊지 않는다. 그분은 언제 어디서나 함께하셨고 마지막도 함께 할 분, 절대적으로 잊을 수 없는 은혜를 준 분, 아직 형상을 마주하지 못하였으나 믿은 만큼 만나게 될 그날을 기다리는 복종의 자세로 생로병사의 인생사를 갈무리한다.

4. 믿음의 사명을 가진 진정한 삶을 밝히기

박수자 시인의 첫 시집 『마당 사랑탑』은 우리가 원하지만 우리를 불행하게 하는 것을 마주할 때 그것의 의문을 해소하여 훤하게 길을 뚫는 것이 믿음과 시라는 것을 나타내는 정신의 발로다. 고통을 받는 사람에게 정신적인 진단을 내리고 그것을 타파하는 방법을 신의 말씀으로 그려낸다. 사람은 권위와 행복에 대한 욕망을 포기하지 못하지만 포기하고 싶어도 그 방법을 모른다. 어떤 사람은 머리를 깎고 산에 들어가 명상을 하며 삶의 목적과 방향을 찾지만 죽을 때까지 보는 것은 망상뿐이다. 또한 빈민의 마을에 들어가 헌신을 하지만 그것 역시 올바른 방향은 아니다. 삶은 어떻게 살아도 부족하고 충족할 수가 없으므로 그런 방법을 쓴다고 궁극적인 목적을 달성할 수가 없다. 오직 신의 계시에 따라 믿음의 사명을 가진다면 그것이 진정한 삶이라는 것을 밝힌다. 자연과 교합을 이루는 혈연관계의 결속을 다지는 진솔한 고백으로 새로운 말씀의 언어로 공동체의 정신과 만난다. 또한 삶의 아름다움을 통해 존재 의미를 재현하는 믿음이 인류를 짊어진 소명이자 의무라는 뜻을 세워 진솔한 시를 써간다. 이번 시집에서 끝나는 것이 아닌 남은 생을 시의 길을 걷겠다는 스스로의 다짐이기도 하다.

마당 사랑탑

1판1쇄 : 2025년 12월 15일
발행일 : 2025년 12월 25일
지은이 : 박수자
펴낸이 : 김정현
펴낸곳 : gaon
편집디자인 : gaon
주 소 : 경기도 문학창의도시 부천 길주로 460, 1106호
전 화 : 032-342-7164
팩 스 : 032-344-7164
E-mail : 906kjh@naver.com / kjsh2007@hanmail.net
출판등록 : 2011. 7. 14
ISBN : 979-11-7535-010-6 (03810)
값 12,000원

무단전재와 복제를 금합니다.
도서출판 가온은 농인聾人과 함께합니다.
잘못된 책은 본사나 서점에서 교환해드립니다.